LIBRO DE INSTRUCCIONES PARA TU BEBÉ
Pilar Gómez de Villalba

Autor: Pilar Gómez de Villalba
ISBN: 9788460857082
Impreso en España / *Printed in Spain*
www.mybabymanual.wordpress.com

A mi marido y mi hija.
Todo es posible cuando estamos juntos.

ÍNDICE.

1. INTRODUCCIÓN.

Tener un bebé es toda una aventura. ¡Y un mundo! Hay tanta información sobre todo! Y además, qué cantidad de consejos gratuitos te da la familia, amigos, conocidos y desconocidos. Pero lo importante de verdad, es decir, qué hay que hacer en las ocasiones que realmente hace falta, ¡eso no te lo cuentan!

La realidad es que nadie tiene todas las respuestas, pero sí que hay una serie de pautas que pueden funcionar para aliviar esas situaciones donde no sabes qué hacer. Casi siempre te dicen que hay que usar "el sentido común", pero... muchas veces el sentido común no está muy despierto y no sabes las respuestas.

Hace unos meses tuve a mi pequeña. Estoy orgullosa de poder decir que, a día de hoy, soy feliz. De todas formas ha sido un camino algo largo hasta conseguirlo. Desde el principio me ha abrumado el no saber qué hacer. ¡No sabía nada de bebés! Antes de tener a mi hija nunca había cogido un bebé recién nacido, nunca había cambiado un pañal, nunca había visto una conjuntivitis en ojitos de apenas unos días... nunca, nunca, nunca.

Cuando me quedé embarazada encontré mil libros que más que tranquilizarme me llenaron de inquietud. Mil y una enfermedades, dolores y horrores posibles. Información que en realidad no me ayudaba para nada. No me preparó para lo que iba a llegar.

Mis dudas surgieron en el día a día:

- "Está llorando, ¿por qué? ¿qué hago?",
- "¿Qué hago si no quiere tomar el biberón?",
- "¿Por qué parece que tiene un ronquidito al dormir?, ¿Es malo?"
- "¿Cómo le quito el hipo?"

Como no encontré en ningún sitio la información que necesitaba, ahora que la he ido descubriendo, quiero compartir un manual de instrucciones lleno de trucos de los que hacen falta. Creo que es preferible tener mañas con las que saber reaccionar, que tener largos capítulos en los que te pierdes. Quizá (ojalá) pueda ayudar con estas respuestas. Y si os quedasen dudas, no os lo penséis y preguntad a vuestro pediatra.

Te presento una pequeña guía muy concisa (quizá demasiado directa) que espero que ayude a todas aquellas madres y padres que, como yo, no teníamos ni idea ¡Padres preparados valen por dos!

2. AL FIN JUNTOS.

2.1 EL PARTO.

El parto es muy cansado. Obvio. Pero todo se pasa y con el paso del tiempo, te olvidas... salvo de lo bueno.

✓ La anestesia

Para mí, "la bendita epidural". Hazte la siguiente pregunta: Si vas al dentista dices "nooooo, sáqueme la muela sin anestesia, que yo quiero sentir todo de forma natural". ¿Verdad que no? Pues lo mismo es la epidural. Es una decisión muy personal, pero lo único que hace es evitar que te duela, ya está. Te aplican una anestesia local para ponértela y ya no sientes más dolor (según mi experiencia, no se nota cuando te la ponen). En mi opinión, una maravilla.

✓ ¿Qué es el piel con piel?

Significa que te pongan al bebé sobre tu pecho nada más nacer para sentiros piel con piel. Personalmente lo pediría por todas las cosas buenas que dicen que conlleva (conexión, subida de leche...). Y además, ¡es un momento precioso! (ojo! Justo al nacer estará bien escurridizo!).

Un consejo: durante el embarazo repite qué querrías justo el día después de dar a luz, para que no se olviden de ti (algunas veces absolutamente toda la atención va al bebé...). Yo quería un bocadillo de jamón, una palmera de chocolate y visitas breves. Nunca sabes cómo te vas a sentir, mejor que todos tengan en mente que posiblemente estés cansada.

✓   Emociones: Muero de amor vs. baby blues.

En los primeros momentos en los que tienes a tu bebé contigo vas a sentir muchas emociones juntas. Puede que tengas una felicidad enorme, o un miedo nunca conocido, o estés hiperactiva, o sientas cansancio, o hambre, o mucha tristeza o... nada.

Puede que tengas una conexión inmediata, puede que te resulte un total extraño, puede que sientas que te mueres de amor... todo es normal y todo depende.

Yo me quedé con la boca abierta cuando me pusieron a mi hija en mis brazos. Sólo podía pensar (con pánico): "¡¡¡se me va a caer, se escurre!!!".

Ojalá que te sientas fenomenal. Es lo que se "supone" que vas a sentir, ¡y muchas madres se sienten así!

Si es así, compártelo, ¡disfruta de tu momento! Sin embargo también te puedes sentir mal, muy triste y sin conexión con tu bebé.

No es malo, es que tienes un jaleo de hormonas espectacular y mucho cansancio acumulado. Pocas mujeres se atreven a reconocer que están tristes cuando se "supone" que deberían estar muy felices. En inglés el término para esta reacción es tener "baby blues".

Es recomendable hablar sobre cómo te sientes para superar la tristeza. Ocurre más de lo que pensamos, aunque hasta ahora parecía un poco un tema tabú. Al fin y al cabo estamos acostumbradas a ver sólo a mamás sonrientes en los anuncios de la tele.

Por cierto, _**el comprobar si tu bebé sigue respirando cada diez minutos también es normal.**_ Tranquila, no se va a romper (sí, yo lo iba comprobando a cada rato...).

✓ Cuidado con los desmayos
El cansancio, la pérdida de sangre o el no haber podido ingerir casi nada durante horas pueden provocarte un desmayo horas después del parto.

Cuidado que te puedes marear y caerte redonda al suelo. Que no te dejen sola ni para ir al baño. Puedes levantarte sin riesgo – teóricamente - tras haber dormido algo y comido (unas horas después, puesto que tienes que eliminar la anestesia si has decidido ponértela). Yo esto no lo sabía... y me desmayé.

LLEGAR A CASA

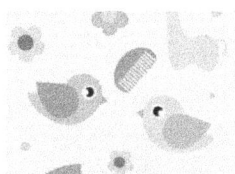

Tras unos días muy breves en el hospital, donde se suele tener una sensación de tranquilidad gracias al equipo médico, es normal que llegar a casa sea un momento en el que se sienta cierto agobio. Recuerda que "estamos en el siglo XXI".

Es decir: para evitar las preocupaciones tenemos muchos medios:

- Te surgirán dudas, pero no hay por qué sufrir por tenerlas. Si os surgen preguntas sobre qué hacer o no hacer, se puede llamar a un doctor (por ejemplo) para que te indique qué se debe hacer. Sería conveniente el hacerte con números de teléfono de varias personas a las que puedas acudir en caso de duda: tu ginecólogo, enfermera, matrona y amig@ que ya haya tenido hijos. Te podrán ayudar. Si no utilizas nunca estos números de teléfono, tanto mejor. Pero por si acaso, da tranquilidad tenerlos. ***Pregunta*** y llama todo lo que necesites.

- No hay por qué pasar dolor. Si tienes dolor, toma los **_calmantes_** que te han recetado. Acuérdate de preguntar si se pueden tomar si estás dando el pecho. Realmente esto es para quedarte tranquila, porque por descontado, en el hospital no te van a recetar una medicina que no sea compatible con la lactancia materna. Los calmantes son necesarios en la mayoría de los casos.

- Es recomendable tener un **_plan_** estructurado para cuando se vuelve del hospital, pensando en posibles imprevistos. Por ejemplo:
  o Fijar dónde va a estar el bebé mientras se hace vida normal (estar en el salón, comer, ducharse). Es recomendable tener un sitio asignado que consideres cómodo, al que no le dé luz del sol directa (mejor indirecta) y que no tenga corrientes de aire.
  o Comidas para los papás: tener comida ya hecha en el congelador para poder descansar durante el tiempo que se hubiera dedicado a cocinar.
  o Comidas para el bebé: puede que tuvieras planeado un tipo de alimentación (lactancia materna) y llegues a casa dando biberones.

En este caso, tener un biberón y un bote de leche de fórmula de reserva, dará tranquilidad.

o Tener ropita de diferentes tamaños de recién nacido, por si acaso tu bebé es más pequeño o más grande que el tamaño de ropa estándar.

o Tener varios paquetes de pañales de reserva (que alguien puede comprar mientras aún se está en el hospital). Las primeras semanas se suelen gastar muchos pañales, y es un incordio tener que ir a comprarlos. Por otra parte, los pañales de recién nacidos no los tienen en cualquier tienda de barrio, por lo que es mejor ser prudente.

2.2 DAR EL PECHO O LECHE DE FÓRMULA.

✓ Es una elección

Es una elección tanto para la madre... como para el bebé. E incluso, puede ser una elección hecha por la naturaleza.

Elección para la mamá:

Si quieres dar el pecho, ¡estupendo! Y si no quieres, ¡estupendo!

NO eres ni mejor ni peor madre por elegir una cosa u otra, aunque yo me sentía mala madre al tener que darle un biberón de apoyo (perdió más del 10% del peso de nacimiento antes de salir del hospital).

Ahora, mirándolo con perspectiva, veo que fui muy egoísta al sentirme triste por tener que dar el biberón de apoyo. Lo importante es que tu bebé coma y esté bien. ¡Bastante estrés ha sufrido ya viniendo al mundo!

Elección de la naturaleza:

En ocasiones, tu elección es una y la de la naturaleza es otra. Quizá se tenía en mente que se quiere dar el pecho, pero por alguna razón no se puede (una obstrucción, no sube la leche, etc). Hay que mantener la cabeza fría: "Lo importante es que tu bebé esté sano". Es una suerte el poder tener acceso a vías alternativas de alimentación.

Elección para el bebé:

Hay ocasiones en las que tu elección es una y la de tu bebé es otra. Hay madres que tienen leche y quieren dar el pecho, pero por alguna razón no funciona.

Por ejemplo, puede suceder que a bebés de bajo peso a los que se les den biberones de apoyo para favorecer el aumento de peso, paulatinamente, rechacen el pecho (e incluso cualquier biberón que no sea de la marca y modelo que el primero del que han comido).

Hay que recordar que para tu bebé supone un gran esfuerzo la succión, por lo que un biberón (de donde la leche simplemente sale sin apenas esfuerzo), es más sencillo, y de ahí que puedan decantarse por esta opción.

Una mención especial hacia las mamás que durante el embarazo tienen diabetes gestacional. Estas mamás durante muchos meses han tenido que tener un cuidado con su dieta, puesto que los niveles de azúcar que llegaban al bebé eran elevados. Puede ocurrir que el bebé, al tomar la leche de la mamá, y ante el contraste de los niveles de azúcar (de elevado a mínimo), sufra una hipoglucemia. Se les dará un biberón de apoyo para evitar este problema, y en algunos casos, tiene como consecuencia que el bebé acabe prefiriendo el biberón.

Por supuesto, cada niño es un mundo. Son más los casos de bebés que rechazan biberones que los que rechazan el pecho, y muchos más casos en los que los bebés aceptan los dos tipos de alimentación sin ningún problema.

✓ Dar el pecho

Quizá quieras dar el pecho, quizá no quieras. En algunos casos queremos dar el pecho, pero no sube la leche. En estos casos hay que recordar que existe la leche de fórmula. No hay que agobiarse.

En el primer caso, es decir, que sí quieres dar el pecho y te sube la leche, hay algunas cosas a considerar que pueden ser de ayuda.

Que te enseñen.

Que te enseñen a dar el pecho. Si lo haces bien no duele. Pero incluso haciéndolo bien, al principio puede doler, ¡y mucho! Sin embargo, cuando se toma práctica ya no duele, y es precioso. Es un momento único en el que se establece una conexión preciosa entre mamá y bebé.

Nadie nace sabiendo y no es algo que salga de forma natural en muchos casos. Repito: Que te enseñen.

La norma rápida de la que hay que acordarse para dar el pecho: *limpiar, dar, limpiar y secar muy bien.*

La subida de la leche:

El pecho comenzará a llenarse al poco tiempo de haber dado a luz. Cuanta más succión haya por parte del bebé, más leche se producirá.

Por el contrario, si no se vacía el pecho con suficiente asiduidad, se pueden crear pequeñas bolas (dureces).

Deberías comprar un sujetador de lactancia (al menos uno) antes de dar a luz, puesto que en cuanto tengas a tu bebé en brazos, no habrá mucho tiempo ni ganas de ir de compras (y si hay, se debe descansar).

Recuerda comprarlo algo más grande que tu talla normal, puesto que el pecho aumentará su tamaño. Los que son sin aros resultan más cómodos.

NO al "comer por dos".

Lo de comer por dos es un mito que lo único que va a hacer es que engordes. Y durante la lactancia se suele perder peso, no lo contrario.

Es posible que tengas algo más de hambre, pero no para comer por dos. Pero también se tiene más hambre durante el embarazo, y no por eso se come por dos.

Si tienes hambre, mucha hambre, y necesitas comer mucho, ten en cuenta que hay que comer cosas sanas. Todo lo que comas también va al bebé.

Para mí el melón y la sandía fueron la solución para superar la sed y el hambre que tenía a cada momento. Es casi todo agua (y el agua es fundamental cuando das el pecho), es rico en vitaminas y no engorda demasiado (¡aunque tiene mucha azúcar!). ¡Yo podía tomarme ¾ de melón a diario!

Por supuesto, y como con todo, hay muchas opiniones sobre el tema. Unos dicen que puedes comer de todo (pero mejor si es sano), otros que no...

Según mi experiencia personal, es mejor evitar las comidas que dan gases, los picantes, el ajo y los espárragos. Pero es sólo mi experiencia, otras personas comen de todo y les va fenomenal.

Lo que sí que es cierto en todos los casos es que algunas comidas pueden dar color a la leche (un tono). Como por ejemplo, si comer muchos espárragos, puede darle un tono ligero hacia el verde (en mi caso fue así).

Si te sacas leche (con sacaleches o manualmente), en ocasiones puede salir leche algo roja/rosa. No pasa nada. Se ha roto un vasito capilar. Lo comprobé tanto con mi matrona como con la pediatra: Esa leche la puedes utilizar sin problema, no hay peligro para el bebé.

Sí al "beber agua por muchos".

Bebe agua, todo lo que puedas. Producirás más leche y evitarás deshidratarte.

Además, y basándome en mi experiencia, al producir más leche, ésta sale de forma más natural, tu bebé tiene que hacer menos esfuerzo de succión, y gracias a esto, si te duele cuando estés dando el pecho, el dolor se reducirá.

Dolor en el pecho, zonas muy calientes y rojeces.

Si hay dolor es porque algo puede no estar bien, por lo que es mejor ir al médico. En algunas ocasiones hay partes del pecho que pueden estar muy calientes y hasta aparecer rojeces. Una posibilidad es que se puede haber obstruido un canal.

Los masajes ayudarán a desobstruirlo, pero siempre es mejor que un doctor te confirme qué ocurre y qué hay que hacer. ¡No hay que pasar dolor!

Bolas en el pecho.

En ocasiones, la leche te sube demasiado deprisa (y no es sacada al mismo ritmo), puedes sentir dolor o que se te hagan "bolas". ¿Qué hacer?

En la ducha: Debajo de la ducha, con agua caliente, te puedes hacer un masaje presionando con la mano cada uno de los pechos por los laterales (presionando poco). No va a salir de inmediato, y quizá el agua caliente haga que no veas que está saliendo leche, pero lo estás haciendo bien si comienzas a sentir que el pecho ya no está durísimo. Funcione o no a la primera, siempre es agradable estar debajo de una ducha de agua caliente.

Sacaleches: da reparo al principio pero es genial (es decir, muy útil). Puedes leer más a continuación.

✓   Sacaleches

No es bonito y no es agradable; pero es muy útil. Como con todo, hay que leer bien las instrucciones para saber utilizarlo de forma eficiente y no hacerte daño.

Puedes utilizarlo para quitarte las "bolas" que se te hayan formado y sentirte más cómoda, o para sacarte leche que luego puedes dar en biberón (y dar un descanso a tus pezones). Para mí lo mejor era esperar a tener el pecho bien lleno, pues me resultaba más fácil. Pero cada mujer es diferente.

Debes estar muy relajada: elige un sitio donde estés cómoda y sin prisas.

Cuándo sacarte la leche: prueba a sacarla antes de la toma, o después (por si queda algo)... así verás cuándo te sientes más cómoda y cuándo te duele menos (o cuándo no te duele nada). Dependiendo de la mujer, resulta mejor utilizarlo antes o después de la toma.

Truco: Ver fotos de tu bebé (o pensar en él) mientras te sacas la leche hará que ésta salga más fácilmente. Parece magia, ¡pero funciona!

¡*Goteando*! Cuando empieces a sacar leche de un pecho, el otro puede empezar a gotear. Y cada gota es oro, no la desperdicies.

Las "conchas de lactancia" (que no son "discos de lactancia", pregunta en la farmacia) ayudan a recoger la leche (también puedes ponerte un bote, pero no se sujeta solo).

Puedes almacenar la leche que las conchas recogen en el momento en el que estás utilizando el sacaleches junto con la que te hayas sacado.

Pero si durante el día las llevas puestas y han recogido algo de leche, es mejor desecharla.

Almacenar la leche: se almacena en bolsas de lactancia que luego se meten en el congelador (es mejor almacenarlas tumbadas, pues así pueden apilarse mejor y ocuparán menos espacio).

Con un congelador a -18/-20 grados la leche aguanta bien unos 6 meses. Para descongelarla, se pone en el frigorífico, y al cabo de unas horas, al baño maría. ¡No utilices el microondas!

Si la leche va a ser consumida en el mismo día, puedes ponerla en el frigorífico en un bote hermético.

✓ Cuidados extras durante la lactancia materna

Sí eres fértil: ¡acuérdate! La lactancia no es un anticonceptivo.

Puede que no vuelvas a sentirte tú misma hasta dejar la lactancia (ojalá no sea así) puesto que tu cuerpo no está en su estado "normal". Puede afectar a las relaciones con tu pareja por no sentirte cómoda (o puede que no te afecte para nada). El recuperar la normalidad a todos los niveles no tiene un tiempo y sobre todo no hay que meterse presión.

Cremas reafirmantes para el pecho: en principio no se deben utilizar hasta después de dejar la lactancia materna, pues podría pasar algún compuesto químico al bebé. Lo mejor es leer bien el prospecto. Si no pone específicamente que se puede usar, mejor no hacerlo.

Cremas cicatrizantes para el pecho.

Me refiero a las cremas cicatrizantes para los pezones. No es agradable pensarlo, pero ocurre. Los pezones se pueden agrietar. Y duele. ¿Qué se puede hacer si se quiere continuar con la lactancia?

La lactancia materna es todo un proceso con su curva de aprendizaje, y esto es válido tanto para el bebé como para la mamá. Los pezones, al no estar acostumbrados a la succión (o por un mal enganche, o por lo que sea) pueden agrietarse.

Las cremas cicatrizantes están específicamente formuladas para poder ponerlas en el pezón, y no hay peligro para el bebé. Por supuesto, siempre hay que leer el prospecto. Además, esto no excluye el hecho de seguir la regla de oro a la hora de dar el pecho: "limpiar, dar, limpiar y secar muy bien".

Las conchas de lactancia también son una buena ayuda para ayudar a la cicatrización (además de para otras cosas). Son totalmente diferentes a los discos de lactancia. Las conchas de lactancia se colocan en el pecho para proteger el pezón, protegiéndolo para que no te roce nada. Además, hará circular el aire, lo que ayudará a una cicatrización más rápida.

Tu misma leche ayudará también a que se cicatricen.

Cuídado con el sol: pueden salir manchas, como durante el embarazo.

✓ Lactancia de Fórmula

Quizá quieras dar el pecho, quizá no quieras. Si tienes claro que no quieres, dilo en el hospital. Normalmente si te sube la leche, te darán una pastillita, y no tendrás ningún tipo de complicación. Y en el caso de no poder, hay que recordar que tenemos la suerte de tener en el mercado leches de fórmula que harán que tu bebé esté perfectamente.

Ventajas.

Si se opta por la lactancia de fórmula, las ventajas son que siempre sabes la cantidad que ha tomado tu bebé, y esto hará que tienda a estar más horas de seguido sintiéndose saciado (lo que te/os permitirá descansar). Además el papá (u otra persona) puede participar en las comidas, que es un momento precioso.

La leche de fórmula y el estreñimiento.

Los niños que toman fórmula suelen estreñirse más, y cuando hacen caca, hacen más cantidad que los que no toman fórmula. Esto es porque la leche de fórmula tiene más desecho que la materna, y no se digiere tan bien (recuerda que como tarda más en digerirse, los bebés están saciados durante más tiempo).

Para evitar el estreñimiento hay que tener cuidado con la cantidad de fórmula que se pone al preparar el biberón. Hay que medir bien y seguir las instrucciones de su bote. Si pones demasiados polvos, el bebé tendrá estreñimiento y no se pondrá más "hermoso" como a lo mejor se puede pensar. Si por el contrario, pones demasiado poco, tendrá diarrea. ¡Hay que medir!

✓   Lactancia Mixta

Aunque para mí fue duro tener que dar un biberón de apoyo, con el paso de los meses me he dado cuenta que es lo mejor que podía haber pasado.

Mi bebé se acostumbró al biberón y cuando tuvimos que dejar la lactancia materna, no le costó en absoluto empezar a comer de esta manera. En muchos casos los bebés que sólo son amamantados rechazan después el biberón.

Una opción: ***La lactancía míxta para por la noche***: según lo que he podido averiguar, es una opción extendida sobre todo con los segundos hijos, pues es muy difícil mantener el ritmo cuando ya se tiene otro bebé/hij@. Incluso teniendo una conexión perfecta con la lactancia materna, hay mamás que deciden dar biberón de fórmula en la última toma del día, para que el bebé aguante más sin comer (y aún así, estar alimentado) y así poder dormir un poquito más.

Otros motivos que me han mencionado es que la lactancia mixta es preferible para que con el paso del tiempo el bebé acepte bien el biberón, o para que el papá/compañer@/familia pueda participar más de la experiencia.

Recuerda: No es egoísta: si estás agotada todo se hace cuesta arriba. Y hay que estar lo mejor posible para tu bebé (y para ti misma).

Incluso se puede entender la "lactancia mixta" como lactancia materna de pecho + biberón, esto es, sacarte una toma de leche en algún momento del día, para que después tu bebé la tome en biberón. Además de poder hacer participar a otra persona de la bonita experiencia de dar de comer a tu bebé, a la mamá le puede dar un respiro para que su pecho descanse (y ella también), y asimismo, el bebé comienza a acostumbrarse al biberón como algo natural desde el primer día.

✓ Qué hacer si rechaza el pecho

Si tras intentar la lactancia materna no funciona, y antes de abandonar del todo, habla con una matrona.

Te ayudará a aprender si se puede hacer algo de manera diferente. En cualquier caso, si no es posible, existe la leche de fórmula.

✓ Qué hacer si rechaza el biberón

El truco que suele funcionar es probar con varias marcas de biberones y tetinas, e ir intentando que coma. Pero en ocasiones esto no es suficiente.

El segundo truco, y que ha resultado positivamente en los casos que conozco, es que el biberón se lo dé otra persona que no sea la mamá. El bebé no sentirá el olor de la madre y aceptará el biberón más fácilmente.

✓ Dejar la lactancia materna. Transición a la leche de fórmula.

* Por múltiples razones puede que decidas dejar la lactancia materna. Por ejemplo, debido a la vuelta al trabajo de la mamá, el cuarto mes suele ser el momento en el que se decide realizar la transición de la lactancia materna a la leche de fórmula. Para ello, habrá que ir sustituyendo tomas por biberón.

El primer día se puede elegir la toma de las 9 de la mañana para darle el biberón. El pecho estará hinchado, pero es importante no utilizar el sacaleches para no estimular la producción de leche.

Si está muy hinchado, debajo de la ducha de agua caliente se vaciará un poco, de forma natural. Si aún así notas alguna bola, antes de que vaya a más, puedes ejercer una pequeña presión con tus dedos mientras sigues aplicando agua caliente.

Tras varios días sin la toma elegida, en este caso, la de las 9am, se sustituirá otra toma. Siguiendo el ejemplo, habría que sustituir entonces la de las 15h, dejando la de las 12h. Es decir, que hay que ir quitando tomas alternas para una mejor adaptación del pecho a este cambio.

En cualquier caso, hay que consultar al médico para que te aconseje la mejor forma para dejar la lactancia materna si así lo deseas.

✓ Estreñimiento por cambio de alimentación

Es de esperar que tu bebé se estriña con el cambio de leche. Hay que medir bien las cantidades según las indicaciones del envase y continuar los masajes. Asimismo es conveniente que tu bebé beba más líquido para favorecer el tránsito.

Este tipo de estreñimiento también puede ocurrir con el cambio de leche de fórmula a leche de vaca, y con la introducción de alimentos. Es importante mantener una hidratación elevada de tu bebé.

3. PRIMEROS DÍAS.

Las primeras horas y días con tu bebé son algo complicados... y es normal. Hay cansancio, miras a tu bebé cada cierto tiempo para comprobar que siga respirando y hay algunas cosas no muy agradables que tienes que hacer, y que no necesariamente sabes hacer.

Sorprendentemente todo es mucho más fácil y agradable de lo que parece cuando lo lees o te lo explican.

Aquí van algunos consejos.

3.1 EL BEBÉ.

✓ El cordón umbilical

Pregunta en el hospital cómo limpiarlo (básicamente te dirán que con cuidado). Lo principal que hay que saber es que siempre debe estar bien seco. Cuanto más seco esté, menos tiempo tardará en caerse. Si hay un poquito de sangre (una gotita), es normal. Si mancha, hay que ir al médico a que lo miren.

Si el cordón tardase mucho en caerse (más de tres semanas) y siempre siguiendo las indicaciones de tu pediatra, puede que en el hospital tengan que aplicar una sustancia para sellar el ombligo y hacer que se caiga el cordón. Puedes estar tranquila, porque es totalmente indoloro para el bebé.

✓ Engordaderas y puntitos blancos

El recién nacido puede mostrar pequeños granitos y puntitos blancos, entre otras maravillas que puede que no conozcas. Los más frecuentes son:

Engordaderas: Bultitos como si fuera una espinilla algo hinchada. No se tocan y punto. Desaparecen solas.

Puntitos blancos: lo mismo. No se tocan y punto. Desaparecen solos.

✓ Costra láctea

Tu bebé tiene costra láctea cuando la piel de la cabeza parece distinta a la del resto del cuerpo, como con una pequeña costra un poco amarillenta (o como con burbujitas). No pasa nada, le ocurre a muchísimos lactantes, y se puede quitar (SIN frotar) pasando un algodón con aceite de oliva... o simplemente con el paso del tiempo. Cuando dejan de ser lactantes suele haber desaparecido por sí sola. El aspecto puede no ser ideal, pero lo importante es que no supone ningún tipo de peligro para tu bebé.

✓ Nivel de bilirrubina

El nivel de bilirrubina se mide con un análisis de sangre nada más nacer. En algunos bebés su nivel (alto) se ve a simple vista, puesto que tendrán un color amarillento.

Si el bebé tiene un nivel de bilirrubina alto pero no alarmante, podrás estar en casa sin problemas. Siempre debe estar lo más cerca de una fuente de luz natural pero sin que le dé el sol directamente (la luz del sol ayuda a que eliminen la bilirrubina). Asimismo, debe comer (beber) mucho para facilitar el proceso.

Un nivel poco equilibrado se pasará normalmente con el transcurso de unos días y no habrá que hacer nada más.

Si el bebé tiene un nivel de bilirrubina alto, en algunos casos se prefiere que el bebé se quede ingresado durante unos días. Suelen ponerlo bajo una lámpara de luz especial, para acelerar la eliminación de la bilirrubina.

✓   Ronquidito

Algunos bebés tienen una especie de ronquidito los primeros meses. Es muy normal y se pasa con el tiempo sin hacer nada.

De hecho, la respiración de los bebés cuando duermen durante los primeros meses va desde la "suavidad absoluta" al "ronquidito". Sus órganos siguen madurando y además, algunos bebés tienen la nariz algo congestionada, y de ahí el ruido.

✓   Conjuntivitis

Algunos bebés tienen conjuntivitis al nacer (legañas abundantes), pero se suele pasar en una semana tras administrar unas gotas y hacer masajitos en el lacrimal. No es nada grave, y lo detectará el pediatra.

Por qué ocurre: algunos bebés nacen con el lacrimal algo obstruido y eso provoca la acumulación de legañas. Los masajes en el lacrimal harán que la obstrucción desaparezca.

Para saber cómo se hacen, hay que pensar en que hay que acariciar con la yema de tu dedo desde el lateral de la nariz hasta el lacrimal obstruido, siempre desde abajo hasta arriba (siendo "arriba" la zona del lacrimal). En cualquier caso, será el pediatra el que indicará qué y cómo hacer.

✓   Movimientos de cabeza descontrolados.

Si de vez en cuando ves a tu bebé mover la cabeza de un lado a otro de forma poco controlada como diciendo que no, no está teniendo ningún tipo de reacción extraña. En ocasiones es por picor, y otras veces por experimentar. Aunque parezca un comportamiento raro, no pasa nada.

✓   Tortícolis.

Aunque parezca increíble, los bebés pueden tener tortícolis y mover la cabeza sólo para un lado.

Si notas que tu bebé tiende a poner la cabeza siempre del mismo lado y le molesta cuando se la intentas girar (con mucho cuidado) hacia el otro lado, es muy probable que tenga tortícolis.

En algunas ocasiones es sencillamente un hábito. Se ha acostumbrado a dormir sobre el lado derecho (por ejemplo) y es así que se siente más cómodo.

Una potencial solución es quitar los estímulos visuales del lado derecho de la cuna y hacer que duerma sobre el lado izquierdo (alternando). Esto puede romper el hábito. Sin embargo, en ocasiones, el bebé tiene dolor. Es decir, no es sólo un hábito de comportamiento.

El que tu bebé tenga tortícolis durante un tiempo prolongado tiene consecuencias en su crecimiento (además de tener que soportar las molestias/dolores que ello conlleva), por lo que es muy importante tratarlo.

Tras consultar con su pediatra, lo más probable es que os prescriban ir a un fisioterapeuta especializado en bebés. El fisioterapeuta evaluará el tratamiento a seguir. Dependiendo de la gravedad, éste puede durar desde unas pocas semanas hasta varios meses.

✓   Dermatitis atópica

La dermatitis más común entre los bebés en los últimos años. Normalmente se mejora mucho aplicando cremas específicas para pieles atópicas de manera frecuente. Por supuesto, siempre hay que consultar al pediatra.

En algunos casos (raros), se llega a diagnosticar/se piensa que tu bebé puede tener una dermatitis atópica cuando en realidad lo que tiene es una intolerancia a un alimento, y la reacción se muestra a través de la piel. Insisto: hay que consultar al pediatra.

3.2 CUIDADOS.

✓ El cambio del pañal

Si nunca has cambiado un pañal, la primera vez te llevará un poquito de tiempo, pero con el paso de los días irás mucho más rápido.

Haz lo mismo que has visto hacer mil veces en las películas. La parte de las etiquetas adherentes tiene que quedar detrás y se pegarán en la parte delantera del pañal (como "abrazando" el cuerpo de tu bebé). La parte delantera suele estar decorada con dibujos para que sea más fácil identificarla.

No hay que apretarlo demasiado, esto es, tienes que poder meter un dedo sin problema entre la espalda de tu bebé y el pañal.

Hay que asegurarse que toda la zona esté bien limpia y SECA antes de ponerlo.

Por otra parte, si la piel de tu bebé es sensible, quizás tengas que probar con diferentes marcas hasta que encuentres la que le va mejor. Una buena crema para la zona del pañal será una buena ayuda en cualquier caso.

Recuerda que, aún poniendo un pañal de forma perfecta, puede haber escapes. Por eso al principio es mejor tener mucha ropa para poder hacer muchos cambios si es que fuera necesario.

Y sobre todo, no hay que asustarse con lo que aparezca en el pañal.

¿Cuántos cambios de pañal se realizan en un día?

Un recién nacido moja el pañal (al menos) unas 5 o 6 veces al día, haciendo al menos una deposición cada 24 horas. Ésta es la norma de "libro". Recuerda que cada bebé tiene su ritmo. Más adelante te hablo sobre el estreñimiento.

Pañal que no absorbe todo lo que se necesita (aún siendo un buen pañal)

Según tu bebé vaya creciendo, puede que notes que su ropita, aún sin escapes, esté húmeda. Esto ocurre en ocasiones cuando el pañal no es capaz de absorber todo lo que se necesita, y la humedad empieza a salir (mojando la ropita, pero también la piel de tu bebé).

Partiendo de la hipótesis de "es un buen pañal", se pueden hacer dos cosas:

- Realizar cambios de pañal de forma más frecuente.
- Probar con un pañal de una talla superior. Si se ajusta al cuerpo de tu bebé, habrás conseguido más material de absorción.

✓   Primeras cacas

Meconio.

Las primeras cacas son una pasta pegajosa negruzca (meconio). Es lo primero que expulsará tu bebé tras nacer.

Y según tu bebé vaya comiendo, sus heces irán cambiando de color, aclarándose, tendiendo a un tono "mostaza".

Al principio, las heces son más líquidas de lo normal, y eso no significa que tenga diarrea. Son sencillamente así. Con el paso del tiempo y dependiendo de lo que vaya comiendo, el aspecto, textura y la cantidad irán cambiando.

Estreñimiento.

Hay que recordar que cada niño tiene su ritmo. Hay algunos que hacen muchas cacas en un día, y hay otros que no hacen caca en dos días. Pero eso no significa que estén estreñidos. Si tu bebé hace caca sin dolor y sin un esfuerzo importante, significa que todo está bien. Cada uno tiene su propio ritmo.

Más adelante te explico cómo hacer un masaje para aliviar los gases y el estreñimiento.

✓ Primer baño.

El primero baño debe ser rápido y con poco jabón (o sin jabón, sólo con agua). De hecho, se aconseja no bañar en exceso a los bebés.

Además hay que hacerlo con poco agua, pues es complicado coger al bebé al principio, y el tener poca agua te dará un poquito más de seguridad.

El agua tiene que estar alrededor de los 36 grados.

Secar.

A un bebé hay que "enjugarlo" no frotarlo con la toalla, por muy suave que sea. Su piel es delicada. Es decir, hay que poner la toalla sobre la zona a secar, presionar un poquito y pasar a otra zona. Si se hace rápido es como si se estuvieran dando golpecitos muy suaves para enjugar.

Hay que acordarse de todos los pliegues del cuerpo de tu bebé, pues si no se secan bien, aparecerán irritaciones.

Es decir, hay que recordar la zona detrás de las orejas, del cuello, de las axilas, de la piel entre los dedos de manos y pies, de las flexuras y el ombligo.

Truco: el mejor invento es tener un termómetro de baño digital (son los de lectura más rápida y fácil). El agua debe estar alrededor de los 36 grados (35,5-36.5). Esto hará que a tu bebé le guste mucho más el baño, pues no tendrá frío (ni se escaldará) con el agua.

Baño de crema

Tras el baño con agua pasaremos al "baño de crema". La piel de tu bebé necesita mucha hidratación, y para ello, se necesita aplicar crema para bebés, no una crema hidratante de adultos.

La diferencia entre "CREMA hidratante" y "LECHE hidratante" es que esta segunda es más líquida y se absorbe más rápido, aunque con la crema debes poner menos producto y parece que da mayor hidratación.

Muchos pediatras aconsejan ahora no bañar a tu bebé todos los días, pues podría ser perjudicial para su piel o empeorar una dermatitis. La dermatitis atópica es muy común, y se trata de forma sencilla: cremas específicas y ropa amplia de algodón.

✓ Cortar las uñas

Puedes empezar a cortar las uñas cuando te lo indique el pediatra. Al principio, las uñas suelen ser muy blanditas y finas, y se mantienen cortitas de forma natural (se rompen como papel de fumar, o se doblan).

Las tijeras que hay que utilizar tienen una punta redondeada para evitar accidentes.

El bebé no va a estarse quieto justo cuando desees cortarle las uñas, por lo que hay mamás/papás que aprovechan a cortarlas cuando su bebé está dormido.

Mi experiencia personal: cortar las uñas explicándole qué se está haciendo (por muy pequeñito que sea tu bebé).

Al principio se tarda mucho, pues se mueve y no hacen caso de las explicaciones. Pero con el paso del tiempo (5 meses) aprende a que cuando mamá tiene las tijeras, no hay que moverse... aunque algunas veces le fascinen las tijeras e ¡intente cogerlas!

En cualquier caso, y por la experiencia de mis amigas, a pesar de explicar mucho todo el proceso, en ocasiones no quieren cortarse las uñas, y parece que es una tragedia.

Posibles soluciones:

- Cortarte las uñas delante de tu bebé para que vea que es algo natural y que no duele nada.
- Jugar a cortar las uñas de un peluche o muñeco, para que se presente como un hecho que hacemos todos. A mí esta opción no me gusta en exceso, pues me parece que en el futuro le puede dar por cortar de verdad el pelo de los peluches.
- Intentarlo varias veces, buscando un momento en el que sea propicio.
- Si no funciona nada... siempre queda el intentar cortar las uñas cuando está dormido.

3.3 LA MAMÁ.

Las dos reglas de oro:

- Dormir cuando el bebé duerme.
- Comer sano y beber mucha agua.

✓ Dolor.

Aunque hay mamás a las que no les duele nada después del parto, hay otras que tardamos bastante en recuperarnos. Te aconsejo que si te dan calmantes, los aceptes. Para quedarte más tranquila, asegúrate que puedes tomarlos si es que vas a dar el pecho.

✓ Episiotomía.

En ciertas ocasiones, en los partos naturales y para evitar desgarros, se realiza una episiotomía. Por lo tanto, tienes una herida que hay que curar. Para que se cure rápido, hay que mantener la ***zona limpia y bien seca.*** Cuanto más seco, más rápido se curará.

Quizás sientas dolor o molestias, lo cual entra dentro de lo previsible cuando te han realizado una episiotomía. Se pueden tomar calmantes que te hayan prescrito y aplicar en la zona frío seco.

Es importante que la zona se mantenga bien seca, y a ser posible, que le dé el aire (lo que no es siempre sencillo).

Tras caerse los puntos no pueden usarse compresas normales. Habrá que seguir con las compresas de celulosa hasta cumplir la cuarentena o dejar de sangrar.

✓ La cuarentena

Los famosos 40 días... o menos, o más. Es como tener el período pero que dura más días. No tiene más misterio, aunque puede resultar pesado. Es importante utilizar las compresas de celulosa durante este tiempo. Son transpirables y ayudan a la cicatrización.

✓ Pérdida de peso

Durante el embarazo aumentamos de peso, y en ocasiones no sólo cogemos el peso estrictamente necesario, sino algo más. No hay que darle demasiada importancia. Irás perdiendo el peso cogido con el embarazo paulatinamente, sobre todo si has retenido mucho líquido. Evita la sal y come sano. Sobre todo hay que darse tiempo, porque tu cuerpo ha sufrido un cambio muy importante, las hormonas aún se están ajustando a la nueva situación y aunque es difícil ser paciente, hay que serlo. Sin prisas.

Muchas mamás siguen con una especie de pelota en el vientre pasados 4 meses del nacimiento del bebé y otras, sin hacer nada, al poco tiempo han perdido el peso ganado. Si se come sano, poco a poco todo volverá a su sitio.

En cuanto a hacer deporte, se puede empezar caminando. Los dos primeros meses se aconseja no hacer nada, y luego poco a poco. Todo a su tiempo.

¡Y acuérdate! Tu cuerpo, por mucho que lo digan por ahí, **_NO se va a quedar deforme._** Tus caderas estarán más anchas que antes del parto, pero con el paso del tiempo (algunos dicen que un año), volverán a su anchura de siempre. Y en cuanto al resto de tu cuerpo, todo volverá a su sitio. El pecho es lo que suele sufrir más, por la lactancia.

Pero al terminarla, las cremas reafirmantes pueden ayudar. No hay que tener prisa en ponerse un vestido de los de antes. Puedes tener suerte y estar estupenda en nada, o puedes tardar más.

Por lo que he podido observar, 4-5 meses es lo normal para estar bien de nuevo (lo que no significa que le pase a todo el mundo, ¡puedes estar fenomenal a las tres semanas!).

✓   Tu espalda

Puedes tener dolores de espalda hasta más o menos un año después de dar a luz, precisamente por todos los cambios que ha sufrido tu cuerpo durante el embarazo. No hay que agobiarse y tampoco le pasa a todo el mundo. Con el paso de los meses todo volverá a su ser.

En ocasiones, los dolores de espalda ni siquiera están relacionados con los cambios que ha sufrido tu cuerpo, sino a las posturas que se toman cuando estás con tu bebé: al cogerlo o al darle de comer la postura puede no ser óptima y que tu espalda empiece a sufrir. Para evitar este tipo de molestias es fundamental que para agacharte SIEMPRE dobles las rodillas. Protegerá tu espalda y también protegerá a tu bebé si lo llevas en brazos, pues se disminuye el riesgo de que se caiga.

4.   LLORAR, COMER, DORMIR.

4.1 EL LLANTO.

Un bebé, al nacer, no tiene otra manera de comunicar que le ocurre algo que llorando. Puede haber muchas razones, y pueden solucionarse.

En ocasiones, cuando está calmadito, de pronto empieza a gimotear o a llorar.

¡A lo mejor tiene sueño! ¿O tendrá hambre? ¿Qué hacer?

✓   Por qué llora y qué hacer

Hay que cambiarlo. Es lo más rápido de comprobar, por lo que es mejor mirar esto lo primero.

Tiene frío o calor: toca la nuca. Si está sudoroso es que tiene calor, si no, posiblemente tenga frío. Pero cuidado con tapar demasiado. La norma: una capa más de lo que llevas tú.

Tocar las manos no ayuda mucho, suelen tenerlas frías.

La temperatura ideal del cuarto dependerá de tu bebé. 23 grados y tapados suele ser una temperatura de confort. Pero recuerda que cada bebé es único.

Tiene hambre o sed: hay que ofrecer que coma. Nosotros podemos beber y comer cuando nos apetece, pero la fuente de comida y bebida para un bebé es limitada. Y si hace calor, le entrará sed más a menudo.

¿Cómo saber si tiene hambre? Los truquitos están un poco más adelante.

Tiene gases: si no hay que cambiarlo ni tiene hambre, quizá le duele la tripa, pero como no sabe decirlo, llora. Hay que probar a hacerle un masaje.

En el apartado siguiente, sobre las comidas, hay más información sobre cómo dar un masaje para aliviar los gases.

Has hecho todo y no se calma: quizá está inquieto. Hay que tener mucha paciencia. Yo creo que lo mejor es evitar el coger en brazos para calmar, puesto que es un círculo vicioso (en cuanto dejas a tu bebé en la cuna vuelve a llorar). Establecería desde el primer día una forma para calmarlo. Yo pongo la mano sobre su pecho y hago "shhhhh" para tranquilizar. Empecé a hacerlo cuando apenas tenía unos días, para evitar coger a mi bebé en brazos para calmarla. Y esto también lo repito cuando está tranquila. Así asocia el sonido y mi tacto a un momento bueno, y cuando está nerviosa, lo recuerda y se calma. Parece magia pero funciona! (y cuando con 6 meses el llanto es verdaderamente sonoro, el hacer esto y que funcione es una maravilla!).

Se había calmado y vuelve a llorar: Algunas veces el efecto dura poco tiempo, pero es que al principio, es al cabo de poco tiempo que ya tienen hambre otra vez o su ciclo de sueño ha terminado.

Si a pesar de todos estos pasos no se calma, enseñar algo con luz y/o música (un muñeco con luz o música, una linterna o el móvil, y nunca muy cerca de sus ojos) lo distraerá del berrinche y luego puedes intentar tranquilizarlo de nuevo.

Casos graves. No se calma con nada: Recuerda que cada bebé es diferente. Cada bebé tiene sus necesidades y su carácter, y quizás necesite más apoyo para ser calmado (cogerlo en brazos, llevarlo en plan "mamá canguro", etc.).

Si lo has intentado todo y a pesar de estar a su lado no se calma, piensa en qué puede hacer sentir mejor al bebé y a TI. Hay bebés que lloran durante horas y eso te puede afectar tanto física como anímicamente. Lo ideal es que se calme poniendo la manita, pero si no es así, busca lo que te funcione.

Es decir, si sientes que debes coger a tu bebé en brazos (portarlo en una cangurera, ponerlo en el cochecito, etc) porque así se calmaría, hazlo. Esto hará que tu bebé se calme y a ti te quitará mucha angustia. Los bebés sienten esta angustia, y al final, es un círculo vicioso (bebé llora, tú sientes angustia, el bebé siente la angustia y llora más, tú sientes aún más angustia...).

No hay necesidad de que sufráis ninguno de los dos.

Evitar que tu bebé no llore desconsolado es una inversión en la creación del vínculo mamá/papá con bebé, y hace que el cerebro de tu bebé no se sobrecargue con hormonas de estrés.

Consejo: hay que ir* SIEMPRE *que tu bebé llora Si sabes que está bien y sólo es inquietud, haz que te vea, te sienta, te oiga tranquila (en principio, intenta no cogerlo para tranquilizar). Debe aprender que siempre vas a acudir si llora, y así estará tranquilo. Con el paso de los meses aprenderá a calmarse solito (aunque a esto también hay que ayudarlo para que lo aprenda).

Si todo esto no ha funcionado, y llora sin consuelo tras haber comido (como caso fuera de lo normal) <u>puede ser intolerante a la lactosa o tener cólicos</u>. Hay que hablar con el pediatra. En muchas ocasiones, los masajes son muy beneficiosos. En el apartado siguiente podrás aprender cómo se hace un masaje para aliviar los gases, mejorar la digestión y evitar el estreñimiento.

4.2 COMER.

✓ Cómo saber si tiene hambre.

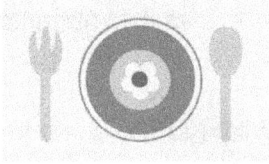

Tras comprobar que no necesita ser cambiado ni que tiene frío o calor (los dos motivos más rápidos de comprobar), lo siguiente es comprobar si tu bebé tiene hambre.

Sabrás ti necesita comer:

o Si tiene horarios (cuando tu bebé sea un poquito más mayor): si se acerca su hora de la comida.

o Si hace mucho calor: puede que tenga sed, y su única manera de beber, es llorar reclamando comida.

o Puedes acercarle uno de tus dedos a su boca (el meñique, doblado). Si empieza a chuparlo con fuerza es muy probable que tenga hambre. Si cuando se lo quitas se ha calmado ya, sólo necesitaba reconfortarse (y ha usado tu meñique como sustituto del chupete/el pecho). Si no se calma... ¡tiene hambre!

✓ <u>Sacar los aires.</u>

No es sencillo coger a un recién nacido porque parece que se rompe. Pues no se rompe, y el cogerlo para que saque los aires tras comer es importante. ¿Y por qué? Porque si no eructa, el aire que ha tragado se irá a su tripita, que le empezará a doler, y con ello empezará a llorar... Es mucho más difícil conseguir que un bebé suelte gases que conseguir que eche los aires.

Con el paso del tiempo tu bebé irá tragando menos aire, y a ti también se te dará mejor ayudarlo a que los saque, por lo que todo será mucho más fácil.

Echar un poquito de leche al echar los aires.

En el momento que saque los airecitos, algunas veces echará un poquito de leche. Es absolutamente normal. No está vomitando, si estuviera vomitando todo se llenaría de leche. Cuando es simplemente un poquito se puede limpiar con una toallita, paño o babero.

Si al echar ese poquito de leche tu bebé está molesto y huele a leche agria, puede que tenga reflujo gastroesofágico (su estómago produce más ácido de lo normal y el contenido del estómago va hacia arriba más de lo normal). Hay tratamientos para ello, por lo que sencillamente hay que hablar con el pediatra.

Con el paso del tiempo y según vaya madurando su sistema digestivo, en menos ocasiones echará leche al soltar los aires.

Cómo hacer que expulse los aires.

Cómo hacerlo: pon a tu bebé lo más vertical posible contra tu pecho y hazle caricias de abajo a arriba en su espalda. Algunas veces, mientras estás en este proceso, le entra hipo... ¿qué hacer? Otras veces, estás tan cansada que, como ni se queja, dejas a tu bebé tumbadito y luego le entra (algunas veces) dolor de tripa. ¿Qué hacer?

✓   Quitar el hipo

Para quitar el hipo el truco está en que cambie su ritmo de respirar. ¿y cómo se puede hacer eso?

Tres formas que he descubierto:

1) Pones a tu bebé en la misma posición que para sacarle los aires, y tú (sí, TÚ) comienzas a respirar de forma profunda. Incluso de forma algo exagerada, para que tu bebé cambie el ritmo de su respiración.

2) Ponerle el chupete, si es que lo acepta. Al succionar el chupete el bebé cambiará su ritmo respiratorio, lo que ayudará a que se le quite el hipo.

3) Si le entra hipo estando tumbadito, elevarle un poquito la cabeza poniendo una toalla pequeña debajo puede ayudar. A mí personalmente no me ha funcionado mucho, pero según una amiga, es infalible.

✓   Masaje para aliviar los gases, mejorar la digestión y evitar el estreñimiento.

Al nacer, nuestro sistema digestivo tiene que adaptarse a muchos cambios, por lo que los gases, las malas digestiones y el estreñimiento pueden aparecer.

La buena noticia es que podemos ayudar a nuestro bebé haciéndole un masaje.

¿Cómo?

Con tu bebé tumbado, imagínate un arcoíris que pasa por encima de su ombligo. Acaricia ese arcoíris haciendo un poquito de presión, yendo de TU izquierda a TU derecha, como si estuvieras pintando con los dedos el arcoíris. Esto hará que se muevan un poquito los intestinos, facilitando el tránsito y la salida de gases.

Tras pasar unos minutos con este tipo de caricias, empezaremos con el siguiente ejercicio: hay que doblarle las piernecitas y empujarlas hacia su tripa. Cuanto más mayor se vaya haciendo tu bebé, más resistencia irá poniendo, hará fuerza con el abdomen y las piernas. Esto es bueno, pues sirve de ayuda al ejercicio que estamos realizando. Volveremos a estirar y doblar sus piernas varias veces. Ayudará a que expulse los gases y no haya dolor.

Consejo: yo hacía (y sigo haciendo) este tipo de masajes/ejercicios en cada cambio de pañal e incluso, el masaje del arcoíris lo iba haciendo (con cuidado), mientras daba el pecho.

¡Los resultados han sido totalmente satisfactorios!

✓ Atragantamientos.

Si tu bebé se atraganta, _**pon su cabeza inclinada hacia abajo, más baja que el cuerpo**_ (sin pasarse). Esto ayudará a que cualquier cosa que esté obstruyendo las vías respiratorias, pueda salir de forma natural.

Si sólo con la posición no sale, se le puede dar un poquito y con suavidad en la espalda.

Por el contrario, NO SE DEBEN INTRODUCIR LOS DEDOS para intentar sacar lo que esté provocando la obstrucción.

Según nos informaron en el hospital, en la mayoría de los casos haces que el objeto o trozo de comida se vaya aún más hacia el fondo.

Acuérdate que sí llora y tose, esto es bueno, puesto que hay aire que llega a los pulmones aunque haya algo que esté obstruyendo parcialmente una vía (está respirando). Continúa animando a que tosa y di mensajes tranquilizadores ("lo estás haciendo muy bien", "no pasa nada") hasta que la obstrucción se haya resuelto.

Cuando le empiezan a salir los dientes (alrededor de los 6-9 meses), hay medicinas que sirven para calmar el dolor pero que duermen un poco la boca y pueden provocar que si se atraganta, no pueda utilizar bien los músculos de la boca/garganta para toser. Hay que tener mucho cuidado con estos productos.

Incluso con dientes, es mejor cortar la comida en trocitos pequeños (el pediatra recomienda hacer esto hasta los 4 años), para evitar posibles atragantamientos.

Es recomendable mirar un manual de primeros auxilios para saber reaccionar.

✓ <u>Los dientes</u>

Por regla general los dientes salen entre los 6-9 meses. En el momento en el que los dientes están "cuajando" pero todavía no han roto la encía, tu bebé estará más quejoso y babeará mucho. Posiblemente se lleve todo a la boca y se muerda los dedos.

En algunos casos da fiebre, pero no se sabe muy bien si es por los dientes en sí o porque al meterse todo en la boca acaba poniéndose malito.

Los mordedores sencillos y los que se meten en el congelador (no vale cualquier cosa, mira en tu farmacia) suelen consolarlos bastante.

Consejo: ponle dos baberos, si tienen hule por detrás mejor, para que no tengas además que cambiarlo de ropa. Babeará muchísimo (siempre que no le dé por tragarse la baba... lo que le hará que se le irrite el culete).

La baba.

La baba será más ácida de lo normal, lo que puede volver más ácidas sus cacas e irritar la zona del pañal. Es recomendable tener una buena crema para este período.

Dentista y cepillos de dientes.

Pasados unos meses habrá que pensar en ir al dentista sencillamente para que conozca cómo es y vea que se lo puede pasar bien al ir a la clínica. Puede ver el sillón, las luces, y puedes preparar un regalito para la salida (que se lo dé la dentista). Estas visitas son recomendables cada 6 meses, para mostrar naturalidad. El momento de inicio de las mismas es decisión de los padres, y lo puedes hablar con tu dentista para que te aconseje, pero la primera vez suele estar (de media) entre el año y medio y los dos años.

Asimismo, habrá que familiarizar a tu bebé con el cepillo de dientes. Nunca es demasiado pronto para que te vea limpiándote los dientes, y así que vea que es algo que debe pertenecer a su rutina.

Para cuando tenga dientes pero aún sea pronto para utilizar un cepillo convencional de niño, existen los cepillos de dientes de silicona que se ponen en el dedo (para dedo de un adulto), y así puedes cepillar los dientes suavemente hasta que tu bebé aprenda.

Si le están saliendo los dientes, que muerda un poquito tu dedo protegido con este material blandito también puede consolarlo.

✓ Complementos a la alimentación

Vitamina D.

Unas gotas a diario. Será el pediatra el que hable sobre este tema cuando sea necesario (en la primera revisión).

Si necesita cualquier otro tipo de complemento alimenticio te lo dirá el pediatra. Mientras sea lactante, la leche cubrirá sus necesidades.

✓ La alimentación complementaria

A partir de los 4-6 meses (según indicaciones del pediatra) se podrá iniciar la alimentación complementaria.

Comenzaremos con las frutas, dando a tu bebé, en puré, un poquito de fruta cada día.

La introducción de cada alimento debe hacerse aisladamente, es decir, uno por uno, y al menos estar tres días (yo estoy casi siete días) ofreciendo el mismo alimento.

De esta manera se puede identificar fácilmente cualquier tipo de alergia, pues sabremos qué es "lo nuevo" que está afectando a nuestro bebé.

Para nuestra tranquilidad, hay un listado que ordena la introducción de los alimentos (te lo dará tu pediatra). La introducción se realiza partiendo de los alimentos que raramente dan alergia (y si se produjera reacción, ésta suele presentarse como reacción cutánea).

En cuanto a cantidades, el primer día me inclino por dar sólo unas cucharadas, para que tu bebé descubra el nuevo sabor y textura. A partir de ahí, se puede ir aumentando la cantidad, hasta llegar a los mismos gramos equivalentes a una toma (si es que se va a sustituir la toma por un puré).

La norma general en pediatría sobre las cantidades de alimento es: "lo que el niño acepte".

✓ Sal y azúcar en alimentación complementaria

Dar sal o azúcar a tu bebé está totalmente contraindicado.

Los alimentos, de forma natural, contienen en general sal y/o azúcares, siendo estos últimos los principales causantes de la aparición de caries cuando tu bebé comience con la alimentación complementaria y ya tenga dientecitos.

Como normas generales:

- No se debe añadir sal a los purés o comidas de tu bebé.
- Las frutas (y cualquier otro alimento) deben darse en puré (o en trocitos muy pequeños cuando llegue el momento) para evitar atragantamientos.
- Se deben evitar los zumos dados en biberón, pues favorecen la aparición de caries.
- Si decides dar potitos u otro tipo de alimento ya preparado, fíjate bien en los ingredientes de los mismos. Aunque por norma general no contienen ni sal ni azúcares añadidos, pueden tener un alto nivel de los mismos por ser el resultado de una combinación de alimentos que contienen, de forma natural, cantidades importantes tanto de sal como de azúcar. Si tu bebé se acostumbra a los purés muy dulces (con mucha zanahoria, calabaza, plátano, etc.), puede resultar más difícil que acepte más adelante otras verduras menos sabrosas y que son fundamentales para su desarrollo.

4.3 DORMIR.

✓ Cómo saber si tiene sueño.

Al principio, los bebés se duermen casi siempre cuando están calentitos y ya han comido. Segregan una hormona que hace que se queden dormiditos (parecido al efecto de las hormonas de las madres que dan el pecho. "Dicen" que las mamás pueden volverse a dormir fácilmente gracias a las hormonas que generan). Pero pasado un tiempo, estas hormonas no se generan tan fácilmente y hay que aprender a dormir.

Puedes ayudar a tu bebé poniéndole un chupete, o poniendo tu mano en su pecho y hablando bajito para que se relaje. Dependiendo de cada persona, unos dicen que es mejor cogerlo en brazos y otros que es preferible no cogerlo en brazos (puesto que se acostumbraría a una forma de quedarse dormido que no es la que se tiene en una situación normal).

Es una decisión muy personal y cada uno hace lo que le parece mejor.

¿Cómo saber si tiene sueño?

- o Si tiene horarios establecidos, es sencillo: se pone a gimotear cuando está llegando su hora de dormir/de la siesta.
- o Si empieza a frotarse los ojos.
- o Si comienza a tocarse o cubrirse las orejas.

Sólo hay que fijarse en estas señales para saber que necesita dormir. Al principio, tendrá que aprender a dormir, y habrá que ayudarlo.

✓ La regla de oro sobre dormir.

La regla de oro: cuando el bebé duerme, la mamá duerme.

Olvídate de la casa, la tele, la comida e incluso de darte una ducha. Si no has dormido, la prioridad es dormir y el resto puede esperar. Que se encarguen otros si hay algo que hacer.

Es importante dormir cuando duerma el bebé porque así estarás mejor (sobre todo al principio, cuando realmente no hay horarios). Si intentas hacer cosas cuando tu bebé duerme, y en el cuerpo tienes apenas unas horas de sueño, vas a sentirte muy mal y agotarte.

Y hay que estar al 100% (o lo mejor que se pueda). Ya no sólo por ti, sino por y para tu bebé.

'Siento que no tengo vida': los primeros días/semanas este sentimiento puede aparecer puesto que, en muchos casos, lo único que haces es dormir y dar de comer. Pero también te tienes que acordar de ti: hay que dormir, comer, beber bien... En mi opinión lo mejor es centrarse en lo básico y no imponerse ninguna exigencia más allá. Lo importante es una mamá y un bebé sanos y contentos. El resto, según apetezca.

✓ El descanso del bebé

Cuánto tiempo:

Las horas que irá durmiendo tu bebé irán variando según vaya creciendo, tanto en número de horas totales como su reparto entre el día y la noche.

Con un mes y hasta seis meses: 15-16 horas en total. Al principio serán 8 horas durante la noche y 8 durante el día (¡desgraciadamente, no seguidas!). Poco a poco irán aumentando las horas de por la noche y disminuyendo el tiempo que duerme durante el día, llegando a dormir unas 11 horas durante la noche a los 6 meses.

De los 6 meses a los 3 años, se mantendrá en unas 11 horas de sueño durante la noche (quizá algo menos cuando se acerque a los 3 años), y las siestas de día pasarán de 3 horas en total a 1 hora u hora y media al llegar a los 3 años.

Algunos niños dejan de dormir la siesta cuando se enfrentan con ciertos cambios, como cuando dejan el chupete, están en casa de familiares o se les saca de su rutina. Por supuesto, cada niño es diferente. Hay algunos muy dormilones y otros que no necesitan tanto descanso.

Luz y Oscuridad.

Por el día, si el bebé está dormido, el resto de la casa debe seguir con su luz del día habitual (no hay que dejar el sitio a oscuras para que tu bebé distinga entre el día y la noche) y sus ruidos normales (cocina, duchas, hablar en un tono normal, televisión, radio...). De esta manera tu bebé aprenderá a que no importan los ruidos alrededor cuando quiere dormir, puesto que está seguro.

Por la noche es preferible que haya silencio y oscuridad. De esta forma, tu bebé aprenderá a diferenciar entre el día y la noche.

De lado.

Se aconseja que el bebé duerma de lado. Las últimas estadísticas hablan de una reducción de muerte súbita cuando el bebé duerme de lado (aunque como son estadísticas, ¡a lo mejor esto cambiará en unos años!).

Si una noche duerme sobre el lado izquierdo, la siguiente noche sobre el lado derecho. Y durante el día hay que ir alternado izquierdo y derecho. De esta manera la cabecita se formará redonda.

Si se pone boca arriba y no hay manera de hacer dormir a tu bebé de lado, existen unas almohadas con un agujero en el medio que ayudan a evitar los aplanamientos en la cabeza. Se pueden utilizar hasta los 4 meses (aunque todo depende del modelo). Hay que seguir bien las instrucciones para evitar el peligro de asfixia.

Si aún con todas las precauciones, la cabecita del bebé tiene una parte plana, habrá que insistir en que esté sobre un lado y luego sobre otro cuando duerme. Cuando comienzan a sentarse (alrededor de los 6 meses) suele corregirse.

En cualquier caso, el pediatra irá dando pautas si considera que existe una deformación importante (como poner un casco durante unas semanas).

Peluches y Sábanas:

Cuidado con los peluches y las sábanas. Si se los ponen por la cara, hasta pasados bastantes meses no sabrán quitárselos y hay peligro de asfixia. Mejor dormir sin peluches.

El reflejo de moro:

Es una respuesta de sobresalto, un reflejo infantil abriendo los brazos (llegando incluso a llorar). Es involuntario y se pasa a lo largo de los dos primeros meses. En realidad no le pasa nada a tu bebé. Parece que este reflejo se asimila a cuando los adultos soñamos que nos caemos y nos despertamos de golpe. Es una lástima ver a tu bebé sobresaltado, pero no se puede hacer nada, salvo estar cerca para tranquilizar a tu bebé.

✓   El descanso de la mamá

Si durante el embarazo había que dormir de costado, durante la lactancia es preferible dormir sobre tu espalda, puesto que si duermes de lado puedes presionarte el pecho, que esto provoque salida de la leche y amanecer empapada. Éste es el tipo de cosas que nadie te cuenta y es mejor saber.

Es una cuestión de gustos, pero sería recomendable tener un sujetador de lactancia muy cómodo con el que puedas dormir. D

e esta manera podrás ponerte discos de lactancia por la noche, que son una ayuda extra para amanecer seca.

Cada niño es un mundo, por lo que no hay norma, pero de manera orientativa, la primera noche durmiendo más de tres horas seguidas puede ser alrededor de los dos meses.

Recuerda que depende del bebé, quizá sea mucho antes... ¡o después!

En ocasiones, y antes de dormir toda la noche de forma regular, puede tener noches estupendas y de pronto tener otra vez noches en las que se despierta mucho. Los cambios por los que pasa un bebé son numerosos en muy poco tiempo, por lo que hay que ser muy paciente. Está aprendiendo también a dormir.

Alrededor de los siete meses hay muchas posibilidades de empezar a dormir (todos) toda la noche. Tener que levantarse (si ya duerme en otra habitación) o actuar (si aún duerme junto a tu cama) una vez de vez en cuando no es significativo.

Cuando empiece a tener este ritmo, si se queja de noche, se puede esperar a que se queje una segunda vez para actuar, puesto que a veces sencillamente están soñando o dándose la vuelta.

Dependerá de cómo quieras ser con tu bebé, pero en mi opinión es que siempre hay que ir cuando tu bebé llora.

Esto no implica cogerlo en brazos o moverlo. Quizá esté durmiendo (y si lo movemos, lo despertaríamos), pero quizá necesite sentir, sencillamente, que estás ahí.

Para poder llegar a dormir toda la noche, hay que empezar, lo antes posible, con una rutina antes de dormir. Por ejemplo, "leer" (más bien mirar) un libro, decir "buenas noches", dar un beso, dar el biberón, sacar aires y a dormir. Y siempre más o menos a la misma hora. Es una manera de ir aprendiendo a dormir, que a esto también hay que aprender.

✓ ¿Horarios sí o no?

Inculcar horarios desde un principio es, en mi opinión, algo que se debería hacer, por el bien del bebé y por el bien del resto de la familia. La vida es mucho más que la vida de tu bebé, aunque ésta tenga un papel privilegiado dentro de la tuya.

Basada en mi experiencia, creo que se debería intentar inculcar unos horarios de sueño, comida, juegos... A partir de los 4 meses empezarán a establecerse por completo. Pero hay opiniones en contra de los mismos.

Mi experiencia con los horarios fijos ha sido muy buena. Mi hija sabe más o menos a qué hora va a comer, jugar, bañarse, dormir... y su cuerpo comienza a adelantarse al momento. Sobre las 19h30 está cenando y luego es hora de dormir. Sobre las 19h15 comienza a sentirse molesta porque tiene sueño. Su cuerpo comienza a relajarse para quedarse dormida. Esto no significa que no haya cambios en sus días, pero sí que hay una **_cierta rutina_**, y sobre todo respetamos las horas de comer y la hora de dormir por la noche. Esto también nos permite continuar con nuestra vida adulta en familia en la que ella aún no puede participar.

En cualquier caso, es una opción de vida, y cada familia es diferente.

✓ ¿Chupete sí o no?

Cada niño es un mundo y así son sus necesidades. Hay bebés que necesitan el chupete desde el principio, pues les ayuda a sentirse calmados, mientras que otros no quieren el chupete y lo rechazan.

En ocasiones te pueden recomendar que des el chupete al bebé para que se calme (como nos recomendó a nosotros nuestra matrona).

En un principio no es una necesidad, tenlo en cuenta. El chupete tiene su parte positiva y su parte negativa:

Parte Positiva

- Tu bebé se calmará solito más rápido.
- El chupete – gracias a la succión – le ayudará (en teoría) a conciliar el sueño.
- Puede evitar que se chupe el dedo.
- Puede aliviar a tu bebé cuando le empiecen a salir los dientes.
- Si tiene tos seca, la succión generará saliva y esto hidratará la garganta, haciendo, en ocasiones, que deje de toser.

Parte Negativa

- La parte negativa del chupete es que un día tu bebé tendrá que deshacerse de él. Preferiblemente antes de los dos años. Idealmente antes del año y medio. Esto puede ser complicado en algunas ocasiones y dependiendo del "vicio" que tenga con el chupete.

Algunos consejos para quitar el chupete:

- Reducir su uso sólo a los momentos de sueño.
- Ir introduciendo la idea de "hay que dejar el chupete": durante varias semanas se hablará sobre lo bien que se duerme sin chupete, que "XYZ" (alguien al que admire) no utiliza chupete, que al dejar el chupete hay un regalo, etc.

- Dejar a tu bebé decidir cuándo quiere dejar el chupete: este punto es controvertido, pues hay niños que no quieren dejarlo. Pero antes de llegar a otro tipo de técnicas más drásticas ("nos lo hemos olvidado en el viaje", "se lo han llevado los pajaritos", etc.), es preferible que sea tu bebé el que decida por sí mismo.

En cualquier caso, hasta llegar al momento de dejar el chupete pasarán antes muchas cosas...

5. EVOLUCIONANDO: 0 a 6 MESES.

Los primeros meses de tu bebé son una aventura de aprendizaje, tanto para los papás como para el bebé.

En los primeros tres meses es cuando necesitas tener más cambios de ropa disponibles, en comparación con los siguientes meses.

Cuando tu bebé sea más mayorcito, no es tanta la ropa que se necesitará (se reducirán el número de escapes, de reflujo, etc.), pero sí muchos baberos, pues con la aparición de los dientes, babeará mucho.

Para lavar la ropa hay detergentes específicos para bebés, hipoalergénicos. Es fundamental un buen enjuagado para que no queden restos de jabón y así evitar picores u otras reacciones cutáneas. Si la ropa le produce picores a tu bebé, éste no podrá expresar el malestar, solamente llorará, y puede ser algo difícil el concretar cuál es la causa del llanto.

Asimismo, durante los primeros meses, tu bebé puede que mantenga la posición fetal y esté siempre muy recogidito.

Si está encima de la cuna con los brazos y piernas extendidos, comprueba que todo esté bien. Esta postura no suele ser normal al principio.

Nada de fotos con flash.

Es bonito tener fotos de tu recién nacido, pero hay que tener cuidado con sus ojos (son muy frágiles). Todas las fotos deben hacerse sin flash, o con un flash dirigido al techo para que la luz rebote (esto lo hacen los profesionales con cámaras con flash independiente que puede dirigirse hacia donde lo pongas).

Al principio tu bebé verá sólo sombras, y la vista se irá perfeccionando hasta llegar a ser casi como la de un adulto entre los 7 y 8 meses.

Desde el nacimiento hasta entonces, la vista irá mejorando con el tiempo, y siempre hay que tener cuidado de no poner luces potentes cerca de sus ojos.

5.1 Primer mes.

Las primeras semanas el bebé básicamente duerme, come y llora. Come a demanda y duerme a demanda. Y está siempre tumbadito. Hay que ir cambiándolo de posición para que la cabeza quede redonda. Cuando empiece a sonreír por primera vez, será un momento mágico.

Las primeras semanas son también las más duras por la exigencia física que requieren. Es muy probable que te encuentres muy cansada al tener que estar al pie del cañón cada tres horas (si hay suerte).

Tanto con lactancia materna como con lactancia de fórmula, los bebés necesitarán comer cada poco tiempo, y este ritmo no se suspende por las noches. La leche será la forma de calmar el hambre, pero también la sed.

Es aconsejable que si tú te ocupas de la alimentación, el papá (u otra persona) se ocupe de los cambios de pañal. Será su "momento privado", en la que poder estar los dos solos. Al fin y al cabo, la mamá tiene sus momentos privados igualmente.

✓ Estimulación durante el primer mes

Durante las comidas, los cambios de pañal... en cualquier momento, la mejor estimulación que se puede hacer es hablar, dar masajes y dar paseos.

✓ Primer paseo

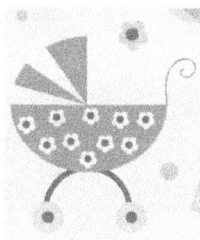

Algunas veces da un poco de vértigo pensar en dar el primer paseo, pero es sin duda beneficioso y bonito. Si sales a pasear justo después de haberle dado de comer, el paseo se podrá extender un poquito. Esta bolsa para ir a pasear no debe vaciarse. Se debería tener siempre lista para no tener que preocuparse por nada si de pronto se quiere salir a dar un paseo.

Lleva una bolsa con pañales, toallitas, cambiador, una sábana bajera (por si moja el cuco y hay que cambiar la funda), un cambio de ropa y un biberón.

Si estás dando el pecho, un pañuelo grande con el que cubrirte por si por el camino tienes que dar de comer (a lo mejor le entra sed!). Así tendrás más privacidad y te sentirás más tranquila (aunque si no te da pudor, de esto puedes olvidarte).

Si has optado por la leche de fórmula, un pequeño bote con divisiones para tener varias dosis ya medidas de leche de fórmula y un termo con agua caliente serán indispensables.

Puede que empiece a llorar por el camino y sin estar cerca de casa: no hay que agobiarse (fácil de decir...). Mira si necesita un cambio de pañal...

✓   Cuidado con el SOL

La luz del sol es buena, pero la piel de tu bebé es extremadamente delicada. Es preferible que la luz del sol le llegue de forma indirecta a tu bebé. Antes de los 6 meses tu bebé no debe estar expuesto a las radiaciones de forma directa. Esto implica, como mínimo:

- No exponer a tu bebé al sol.
- Caminar por la sombra.
- Poner gafas de sol.
- Ropa transpirable.
- Sombrerito de color claro.
- Proteger con sombrilla.

La piel del bebé es muy sensible, y se quema fácilmente, por lo que no le debe dar el sol directamente.

La sombrilla es necesaria hasta en los paseos más cortitos, pues no es recomendable poner cremas solares hasta pasados unos meses (nuestro dermatólogo nos confirmó que no se podía poner crema hasta pasados los 6 meses). Pero incluso, debajo de la sombrilla, las radiaciones y el calor llegan a la piel de tu bebé. Hay que tener cuidado.

La crema.

Si sabes que tu bebé va a estar expuesto y no hay más remedio, lo primero que debes hacer es hablar con tu pediatra y/o dermatólogo para que te indique qué hacer.

A nosotros nos aconsejaron:

- Utilizar una crema con pantalla FÍSICA del factor más alto (y no química), incluso en días nublados. Que sea de pantalla física significa que los químicos de la crema (según nos explicó el dermatólogo) no serán absorbidos por la piel del bebé. Son difíciles de encontrar, pero cada vez las tienen en más farmacias.
- Aplicar la crema 20-30 minutos antes de la exposición.
- Repetir la aplicación cada dos horas (o tras un baño en el mar o la piscina).
- El bote de crema debe ser nuevo, no se deben utilizar botes de otros años.

A partir de los 6 meses tu bebé tendrá mayor tolerancia al sol, pero aún así, esta tolerancia será muy baja. A nosotros nos ha indicado el pediatra que nuestro bebé no esté expuesto de forma directa antes de los tres años. En el caso de que estuviera expuesto de forma directa se deben evitar las horas centrales del día (es decir, entre las 11h y las 18h, aunque este rango depende del país en el que estés, puede ser de 12h-17h, etc.) y seguir todas las recomendaciones en cuanto a las cremas e indumentaria. Tras haber estado expuesto, los baños de crema hidratante de tu bebé son aún más necesarios que cualquier otro día.

Hidratación extra.

Lo ideal es estar a la sombra si hace mucho calor y recordar que deberá <u>beber más</u> que otros días para evitar la deshidratación. El calor y la exposición al sol (aunque intentemos evitarla lo más posible), son factores que aumentan considerablemente el riesgo de deshidratación.

5.2 Segundo mes.

Se supone que cuando empieza el segundo mes lo "peor" ya está superado, pero eso no significa que seas sencillo. Es MÁS sencillo. Sobre todo porque la mamá estará algo recuperada del parto, y eso ayuda mucho.

✓ Estimulación durante el segundo mes

Sería recomendable tener un "parquecito con gimnasio", de donde cuelguen cosas con colores llamativos. Al principio ni los tocará, pero hay que insistir mucho pues ayudará a mejorar la movilidad. Se puede intentar dar un sonajero, pero como la coordinación brilla por su ausencia, mejor que sea blandito, pues de lo contrario, los golpes que se dará en la cara dolerán más.

Por otra parte, las luces (indirectas, o de un muñeco) le llamarán mucho la atención y pueden servir para calmar al bebé cuando esté llorando, pues cambia el foco de atención del llanto a la luz.

Hay que tener cuidado con las luces directas y se continúa con la norma de no poder hacer fotos con flash.

✓ Gimnasia a partir del segundo mes

Es importante ir poniendo a tu bebé sobre su tripita (es decir, boca abajo). Posiblemente no le guste al principio, pero de esta manera irá fortaleciendo los músculos de su cuello (al intentar mirar hacia arriba), lo que es fundamental para que pueda sujetar la cabeza. Lo más probable es que empiece a llorar, y mucho, las primeras veces que lo pongas en esta posición. Cuanto más se enfade, más hará por levantar la cabeza. Por supuesto, siempre hay que tenerlo a ratitos cortos y contigo siempre a su lado.

No se debe poner al bebé a hacer ejercicio después de comer, pues vomitaría.

Durante el cambio de pañal se le pueden mover las piernas como si estuviera pedaleando o bien presionar suavemente para que tu bebé intente estirarlas. De esta manera irá fortaleciendo también los músculos de las piernas (además de ser otra forma para aliviar los gases).

✓ Vacunas

El calendario de vacunación varía mucho dependiendo de dónde vivas. Sin embargo, en el segundo mes suele fijarse una primera dosis de vacunas. Las vacunas protegerán a tu bebé de enfermedades peligrosas.

Normalmente las vacunas no tienen reacción, salvo algo de fiebre las primeras 24 o 48 horas. En algunos casos puedes esperar algún tipo de reacción (mocos, fiebre) al cabo de una semana, pero en estos casos te lo aclararía el doctor. Es mejor seguir todas las indicaciones del pediatra, para saber cuándo y cuánto antitérmico hay que dar si se necesita.

¿Qué se considera que un bebé tenga fiebre?

37 grados es estar "febril" y a partir de 38 grados es tener fiebre.

Para mediarla es aconsejable tener un termómetro digital, para poder leerlo más fácilmente. Los de toma de temperatura en la frente son fiables, y sobre todo rápidos (unos 6 segundos), aunque ciertos pediatras prefieren los termómetros digitales que se ponen en el brazo. Puede ser difícil el mantener a tu bebé sin que se mueva, por lo que yo estimo que la rapidez en la toma de temperatura es fundamental.

✓ Los mocos

Un potencial problema de las vacunas es la aparición de mocos. Aunque los mocos, como nos dicen en la guardería, aparecen en octubre y se van en mayo.

Es decir, sobre todo al principio, ya sea por vacunas, por estar en contacto con otros niños (etc.), aparecerán los mocos en muchas ocasiones.

Con el sentimiento de ahogamiento por no poder respirar bien, tu bebé puede comer menos y dormir peor.

<u>Cómo solucionarlo</u>: una solución que no tiene efectos secundarios y que se puede realizar varias veces en un día es la de los lavados nasales. No tienen contraindicación. Personalmente prefiero realizarlos con sueros mono-dosis, pues se controla mejor la cantidad de líquido que se introduce.

Tu pediatra puede enseñarte cómo realizar un lavado nasal correctamente. Básicamente hay que recostar a tu bebé boca arriba y con la cabeza ladeada, meter el suero por el orificio de la nariz que ha quedado más arriba. Después se volteará la cabeza y se hará en el otro orificio.

Si le pones el chupete a tu bebé cuando vayas a realizar el lavado, hay menos posibilidades de que se trague el moco (aunque tampoco hay que preocuparse, pues luego lo expulsaría por las heces).

No es un proceso agradable, pero ayuda a que el bebé se cure más rápido, respire mejor y con ello, que esté menos molesto (coma y duerma mejor).

5.3 Tercer mes:

Durante el tercer mes se comenzará a experimentar una mayor estabilidad en cuanto a conocimiento de rutinas de tu bebé. Además, experimentará sus primeros cambios bonitos como empezar a sonreír. Y lo mejor: hay muchas posibilidades de que empiece a sujetar la cabeza.

✓ <u>Caída del pelo (de la mamá)</u>

Alrededor del tercer mes puede que se empiece a caer el pelo de la mamá (o no!). Durante el embarazo, generalmente, no se cae apenas el pelo, y todo ese pelo que no se ha caído tiene que caerse.

Según lo que he leído, el pelo "muere" tres meses antes de caerse. Y "muere" con un cambio hormonal (es decir, en el momento del parto). Durante 3 o 4 meses estarás perdiendo, por norma general, bastante pelo. Pero justo después volverá a la normalidad (es decir, a que se caiga poco).

No es agradable y asusta un poco. Yo tomaría vitaminas por si pudieran ayudar a acortar el proceso. Recuerda que si quieres tomar vitaminas y has elegido optar por la lactancia materna, debes consultar con el pediatra para saber qué puedes tomar y qué no, pues todo lo que ingieres se transmite a la leche y a través de ella, a tu bebé.

Un pequeño consejo: Es mejor llevar coleta durante una temporada (o cortarse el pelo), para evitar "ir dejando rastro" de pelos...

5.4 Del cuarto al sexto mes.

En los siguientes tres meses, del cuarto al sexto mes, se comienzan a regular un poco más en cuanto a horarios y comidas. El patrón de sueño comienza a ser más regular, parecido al de un adulto, y también puede empezar a mostrar ruidos e inquietud por sueños e incluso, por pesadillas (durante las cuales, además de ruiditos o lloriqueos, puede moverse en su cuna bastante). No es necesario hacer nada, pues tu bebé, sencillamente, está soñando. Si comenzásemos a moverlo, lo despertaríamos, interrumpiendo así el descanso en medio de un ciclo.

Intentaremos que siga tumbadito el máximo de tiempo posible (inclusive a la hora de pasear), prestando atención a la forma de la cabeza (las almohadas con un agujero en el centro para que tenga la cabeza redondita se pueden encontrar también para esta edad). Es recomendable para la buena formación de la columna. El ir sentaditos a ratitos cortos no es perjudicial (1 o 2 horas máximo al principio), aunque no sea ideal.

A partir de los 6 meses los cambios serán diarios. Más sonrisas, más equilibrio, más sonidos (primeros ba-ba-ba, pa-pa-pa...).

✓ Estimulación entre los 4 y los 6 meses.

Nunca es demasiado pronto para introducir los libros blanditos, la música y objetos con diferentes colores. Además hay que seguir haciendo ejercicios para que siga fortaleciendo el cuello, los brazos y las piernas.

✓ Los golpes Cuándo acudir al hospital

Alrededor de los 6 meses comenzará a sentarse (aunque cada niño es un mundo). Al principio perderá mucho el equilibrio, es recomendable estar a su lado y poner a su alrededor superficies blandas para que no se haga daño.

Si se ha dado un golpe, hay que analizar cómo ha sido para poder reaccionar. Si pierde el equilibrio y se da un golpe en la cabeza, haz que siga un objeto con los ojos (arriba, abajo, a los lados), y observa si intenta cogerlo... es decir, observa si actúa con normalidad. No es aconsejable dejarlo dormir salvo que sea por períodos cortos, y si está adormecido, será mejor ir al hospital para que no haya dudas.

Normalmente si llora, es más por susto que por dolor. Se dice mucho lo de "los niños son de goma", y es cierto... pero a un primerizo estas cosas le impresionan.

Por otra parte, si vomita, está mareado, no llora o se queda muy "lánguido": hay que ir al hospital.

✓ Reacciones y lenguaje ante los golpes

Es importante recordar que si tu bebé se cae y se reacciona de forma exagerada, asustada o con angustia, esos sentimientos se transmitirán al bebé y lo más probable es que se asuste y empiece a llorar. Tu bebé te imitará en todo. Si reaccionas con miedo, tu bebé sentirá miedo. Si reaccionas moderándote, le inculcarás seguridad. Es difícil controlarse en ocasiones, pero al menos hay que intentarlo.

El extremo contrario también es negativo, es decir, cuando ante cualquier golpe ni se reacciona y se le dice repetidamente: "no es nada". Si tu bebé está llorando es porque ha sentido "algo". El repetir que no es "nada" hará que no pueda identificar qué tipo de sentimiento está experimentando (dolor, susto, sorpresa...).

Cómo se debería reaccionar:

- Con tranquilidad
- Preguntar si está bien. Por supuesto, puedes coger a tu bebé en brazos y hacer lo que marque tu instinto.
- Siguiendo los consejos de la psicóloga de la guardería, me gustaría explicar este punto: Quizá tu bebé sea demasiado pequeño para responder *"estoy bien"*, pero no para escuchar la pregunta.

Como adulto debemos continuar preguntando lo más calmadamente posible: *"¿te has asustado?",* *"¿te has hecho daño?".*

- A continuación podemos añadir: *"Ya verás cómo va a irse pasando. Tranquilo".* Esto ayudará a tu bebé a identificar que se ha hecho daño, que el dolor pasa y que puede estar tranquilo.

- "Ningunear" un golpe (decir inmediatamente "no es nada") no hace bebés más fuertes, los induce a la frustración.

- El tener una reacción desproporcionada no hará que tu bebé se sienta más querido, sino que inducirá a la aparición de miedos.

✓ Aumento de movilidad y de confianza

Tras dominar el estar sentadito, no es de extrañar que empiecen a querer desarrollar sus técnicas de arrastre e incluso gateo. Hay que recordar que hay que cubrir los enchufes, las esquinas de las mesas y poner seguridad en los cierres de puertas y cajones, para evitar accidentes (o que acceda a productos o utensilios que no sean recomendables o incluso, peligrosos).

Preparar la casa.

Un consejo que encuentro muy útil a la hora de preparar tu casa para proteger a tu bebé, es recorrerla a cuatro patas.

Parece broma, pero te dará – en cierto modo- la perspectiva desde la cual tu bebé verá las cosas.

Es sorprendente la cantidad de enchufes, esquinas, accesos, etc. que se descubren al hacer este pequeño ejercicio. No se tarda apenas tiempo, y tu bebé estará potencialmente más protegido que si no lo haces.

Inculcar seguridad.

Una vez controlada la seguridad externa, hay que centrarse en inculcar seguridad (interna) a tu bebé. Desde un primer momento es mejor elegir una comunicación del siguiente tipo:

QUÉ DECIR	QUÉ EVITAR
"Con cuidado"	"Cuidado te vas a caer"
"Despacito"	"Ve despacio que te vas a hacer daño"
"Suave"	"Más suave que vas a romperlo"
"Lo has hecho muy bien"	(---- no decir nada ----)

Comunicando de forma neutra ante sus intentos y con alegría en sus logros, estarás ayudando a tu bebé a aumentar la confianza en sí mismo.

✓ Cuidado con los animales

La precaución más sensata es que los animales no se acerquen demasiado, sobre todo al principio. Pero alrededor de los 6 meses, la atracción que existe entre los bebés y los animales es inevitable.

Tu bebé quizá quiera tocar a tu perro/gato, y no hay que impedirlo, pero sí recordar que los bebés no tienen medida sobre su fuerza, y al principio no controlan bien las manos, por lo que pueden hacer daño al animalito. No saben lo que es "tirar del pelo", y un animal puede reaccionar mal si le dan un buen tirón de la oreja.

✓ Primeros estornudos o tos

Los primeros estornudos son algo que no te esperas, pero tarde o temprano sucederá. Y pueden tener, o no, el mismo significado que cuando un adulto estornuda.

Una corriente de aire puede hacer que tu bebé estornude de pronto (incluso con unos días de vida). No significa que esté resfriado, sólo es una reacción.

De hecho, está demostrado que se puede estornudar cuando nos exponemos a un exceso de luz (o incluso de comida). Por eso hay muchos bebés que empiezan a estornudar cuando les da el sol de pronto.

Remedios para la tos y para que respire mejor:

Hasta los dos años se limita mucho el tipo de medicinas que se les puede dar a un bebé.

Si por un casual estornuda, tiene tos o le cuesta respirar, se pueden hacer algunas cosas:

- Levantar su cabecita cuanto esté tumbado poniendo una pequeña toalla debajo del colchón en la parte de la cabeza,
- Colocar un humidificador en la habitación (lo ideal es ponerlo un ratito antes de dormir para humedecer el ambiente, pero nunca dejarlo encendido, pues tendría el efecto contrario),
- La esencia de eucalipto (hay que fijarse a partir de qué edad se puede utilizar),
- Dar a tu bebé muchos líquidos,
- Intentar limpiar la nariz con suero fisiológico y
- MUCHA paciencia.

El remedio "de la abuela" para la tos seca es poner una cebolla cruda, bien cortadita al lado de la cuna. Los vapores de una cebolla cruda se supone que harán que deje de toser. Quizá la casa te apeste después a cebolla pero ... ¿¡y si funciona?!

✓ <u>Los dispositivos móviles</u>

Es cada vez más habitual ver bebés que aún no hablan pero que se manejan estupendamente con el móvil, la "tablet", el ordenador o la televisión. Hay padres que hablan con orgullo de lo bien que maneja el móvil su bebé sin saber que puede resultar perjudicial para su salud.

Ante todo hay que tener MESURA.

Problemas en el desarrollo:

Ya existen estudios concluyentes que muestran cómo el uso continuado de dispositivos móviles provoca un menor desarrollo de la parte emocional del cerebro.

También se relaciona su uso no controlado con el fracaso escolar, la hiperactividad, la falta de conexión con las emociones y problemas de visión.

Al utilizar un dispositivo móvil o ver la televisión se producen reacciones químicas en nuestro cerebro identificadas en la zona del placer.

Y por ello, su uso es adictivo. Por otra parte, cuando se están utilizando, no hay interacción emocional, y de ahí el menor desarrollo de las emociones.

La cuestión es que, si tu bebé está malhumorado, la televisión o el móvil obran milagros. Se queda tranquilito y embobado, lo que crea una adicción en los padres que, en este caso, se vuelven adictos a dar el móvil como vía de escape.

Tiempo de uso recomendado.

- Menor de 2 años: no debería haber estado nunca en contacto con un dispositivo móvil.
- De los 3 años y hasta los 6 años: su uso se limita a una hora.
- A partir de los 6 años y hasta los 18: no se deberían sobrepasar las 2 horas diarias.

Uso responsable.

No creo que haya que demonizar el uso de los dispositivos móviles. Hay muchas aplicaciones que pueden ser positivas para el desarrollo, sobre todo las centradas en el aprendizaje de números, letras, colores, etc. Hay que realizar un uso responsable:

- Los niños menores de 2 años (bebés) no deben estar expuestos a dispositivos móviles.
- Su utilización debe realizarse acompañando al niño por un adulto.

- Uso por tiempo limitado: hay que establecer el tiempo de utilización al inicio de la actividad.
- No se debe asociar al concepto de "premio".
- No debe utilizarse como vía de escape para que el adulto pueda realizar otra actividad (desde estar más tranquilo en un restaurante hasta el echarse una siesta).

6. LAS PRIMERAS VECES.

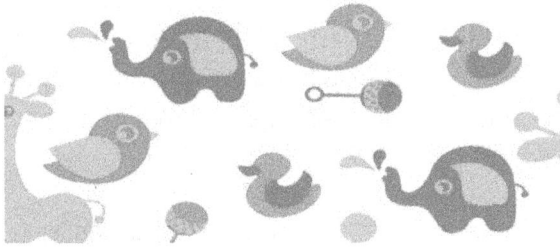

6.1 Viajar.

El primer viaje puede dar un poquito de vértigo puesto que te mueves del sitio donde has pasado más tiempo, y eso significa que al principio las cosas pueden descontrolarse un poquito. Pero no importa.

✓ Documentación

Muchas aerolíneas dejan volar a partir de los 14 días, y es esencial el informarte de la documentación que hay que llevar.

Para "curarte en salud" puedes llevar contigo el DNI o pasaporte y el libro de familia.

Para hacer el DNI o el pasaporte necesitas una foto de tu bebé. Hacer la foto a un bebé que no sujeta su cabeza, y en la cual no pueden aparecer tus manos sujetándosela puede ser algo complicado, pero no imposible.

Recuerda que para hacer el documento debes llevar a tu bebé contigo a la comisaría de policía (u organismo correspondiente) para que comprueben que la foto es realmente de tu bebé.

✓ Qué llevar en la maleta

El tamaño de la maleta es inversamente proporcional a la edad de tu bebé. Al principio necesitarás muchas cosas, pero o bien vas simplificando según se va haciendo más mayor, bien compras en destino lo que necesitas para no cargar con ello. De forma resumida, puedes necesitar:

- Biberones,
- Comida,
- Limpia-biberones,
- Esterilizador,
- Parquecito/juguetes/gimnasio de bebés, el cuco/cochecito,
- Ropa de día,
- Pijamas,

- Toallas,
- Bañera de viaje (venden algunas hinchables),
- Antimosquitos (mejor utilizar uno eléctrico. No se debe poner nada en la piel del bebé que sea químico),
- Cremas,
- Pañales,
- Toallitas....

Para evitar maletas gigantes, puedes llevar un básico de todo lo que necesites inmediatamente y comprar en destino lo que vayas a utilizar y gastar allí (como los pañales).

6.2 Transiciones.

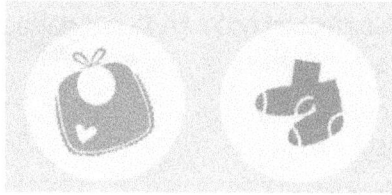

Para cualquier tipo de cambio o transición (y habrá muchas) hay que recordar que hay que hacerlas poco a poco. Por ejemplo: que tu bebé conozca a su niñera, ir a la guardería, la introducción de nuevos alimentos, dormir solito... .

✓ Nueva niñera/guardería (etc)

Introducir a una nueva persona dentro del entorno del bebé debe ser un ***proceso sin brusquedades***. La nueva niñera debería ir a la casa durante algunos días para estar con tu bebé mientras estás tú también. Ve probando a dejar a tu bebé con la niñera mientras vas a ducharte, otro día puedes salir a comprar el pan... poco a poco.

Cambia "nueva niñera" por "nueva guardería", "nueva cuna", "nueva..." y repite el proceso cuando haya que hacer un cambio. Dependerá de tu bebé lo rápido o lo despacio que se podrá producir el cambio.

✓ Nuevo horario de comida o sueño:

Al menos dos veces al año vamos a tener que cambiar los horarios de comida y de ir a dormir debido al cambio de hora.

Una semana o semana y media antes del cambio, se debe empezar a retrasar/adelantar el biberón o la hora de irse a dormir unos 10-15 minutos cada dos/tres días. Cuando llegue el momento del cambio de hora tu bebé ya estará hecho al nuevo horario.

✓ Dormir en su cuarto

Nosotros decidimos trasladar a nuestro bebé a su cuarto alrededor de los cuatro meses puesto que ya no hacía toma a lo largo de la noche y yo, en breve, tenía que reincorporarme al trabajo. Al no quererme enfrentar y exponerla a otro cambio adicional (además de la separación para ir a trabajar), pensamos que era mejor que el cambio a dormir en su cuarto no coincidiera con la reincorporación laboral.

Es curioso, porque la reacción de los padres es diferente dependiendo de con quién hables. Puede que haya tristeza (te falta algo), nervios (¿estará bien?), o, sencillamente, ¡sentirte fenomenal!

Para estar más tranquilos se puede tener un _**intercomunicador**_ de sonido (son más baratos que los de imagen). Así te despiertas seguro si tu bebé necesita algo, puesto que amplifica el volumen.

Las ventajas del cambio es que tendrás más independencia en tu habitación, pero por el contrario, si se despierta, hay que levantarse de la cama. Es un poco pesado, para qué engañarnos.

✓ Primera salida SIN. ¡Disfruta!

La felicidad, tranquilidad y bienestar de los padres se refleja directamente en tu bebé. Por eso hay que estar BIEN. Lo de estar al 100% es muy ambicioso, estar al 70% también es estar bien.

No somos perfectos, pero como padres tenemos la intención de mejorar cada día y aprender, lo que nos hará estar paulatinamente un poquito mejor y dará buenos resultados con el tiempo.

**Todo se transmite**: nerviosismo, frustración, alegría, tranquilidad.... ¡Es importante cuidarse! Y además de cuidarse, hay que disfrutar: con tu bebé... y con tu pareja, con tu familia, con tus amigos. Tu bebé es un miembro más en tu vida, pero no hay que olvidarse del resto.

Es esencial el poder disfrutar sin preocuparte, pero puede que al principio te sientas nerviosa, preocupada, ¡feliz!, aliviada, libre... Como con cualquier transición, hay que ir poco a poco. Tu confianza en la persona que cuidará a tu bebé irá creciendo a medida que vayas haciendo más salidas.

Las primeras veces quizá tengas que obligarte un poquito a separarte de tu bebé (o no!). Es normal. Si es así, recuerda hacerlo poquito a poco. Y siempre hay que despedirse de tu bebé y decirle que vuelves en un ratito. De esta manera comenzará a construir el recuerdo de "mamá siempre vuelve", lo que aumentará su seguridad y autonomía con el paso de los meses.

Reservarse momentos con tu pareja es esencial, incluso si no se hace nada especial (¡aunque tomarse los dos juntos unas patatas fritas en el salón te aseguro que se vuelve súper especial!). ¡DISFRUTA!

7. AGRADECIMIENTOS

Este manual de instrucciones es breve, conciso y muy cercano. Contiene todos los trucos y consejos que a mí me hubiera gustado tener, y que fui aprendiendo a base de preguntar mucho, tener unas amigas fantásticas (y con mucha paciencia), mucha investigación y... muchos "prueba y error" con tropiezos por el camino.

Hay muchas personas que me han ayudado en este camino y a las cuales tengo en mi corazón. Especialmente doy las gracias a mi marido, por sus ánimos y apoyo en esta aventura. Todo es posible cuando estamos juntos.

8   AUTORA

M. Pilar Gómez de Villalba

Madrid, 9 de Septiembre de 1981

Financiera, psicóloga y profesora por devoción. Ante todo, madre, esposa y escritora.

Nace en Madrid en 1981, destacando por sus dotes de comunicación, análisis y docencia. Licenciada en ADE por la Universidad de Comillas y máster en finanzas, vive en Suiza durante varios años. Tras volver a España en 2007 para continuar su carrera financiera, es aquí donde forma una familia. En 2013, sin haber estado apenas en contacto con bebés en toda su vida, nace Eva, su primera hija, la gran inspiradora de este libro.

www.ingramcontent.com/pod-product-compliance
Lightning Source LLC
Chambersburg PA
CBHW060119050426
42448CB00010B/1950